EXPOSÉ

SUCCINCT ET VÉRIDIQUE

DES SERVICES RENDUS A LA CAUSE ROYALE,

DEPUIS 1793 JUSQU'EN 1816,

PAR LE SIEUR DUPONT-CONSTANT.

> Hos ego versiculos feci, tulit alter honores
> Sic vos non vobis, etc.   (VIRG.)

AU ROI.

SIRE,

Lorsqu'en 1792, des mandataires infidèles et factieux, des hommes pervers, l'écume de la nation, osèrent mettre en jugement le meilleur et le plus vertueux des princes, j'éprouvai, comme tous les vrais Français, une foule de sentiments déchirants qui se confondirent tous dans celui de l'indignation. L'issue de cet horrible procès, lorsque je l'appris, fut pour moi un coup de foudre : je demeurai, durant plus de trois mois, dans une sorte d'anéantis-

sement. . . . Pressentant dès lors tous les désor-
dres, tous les maux qui en seraient la suite
inévitable, je vouai une haine implacable à
tous les partis usurpateurs de l'autorité souve-
raine et légitime; j'ai profité, depuis, de toutes
les occasions pour travailler, autant qu'il était
en moi, à ramener l'opinion qu'on ne cessait
d'égarer, et à ralentir, du moins dans la province que j'habitais alors, le mouvement pro-
gressif d'une révolution qui renversait tout
ce qu'il y avait de plus sacré parmi nous ; je
consacrai tout mon temps, toutes mes facultés
physiques et morales au service de la cause
légitime, et, à cette époque, je n'avais aucun
pouvoir, je travaillais spontanément d'après
la seule impulsion de mes principes et de ma
conscience. Ne pouvant alors agir à découvert,
je formai des réunions secrètes, où nous
concertions toutes les mesures que les circonstances permettaient de prendre.

Au commencement de 1793, je fis imprimer
deux écrits qui m'attirèrent des persécutions,
et me forcèrent de quitter Bordeaux au mois
de mai de la même année. Dénoncé à la mu-
nicipalité, j'eus la visite inquisitoriale de M.
Bahours, officier municipal, escorté de la
force armée. J'étais accusé de receler des armes et des uniformes. Par un de ces écrits, je

tachais de démontrer les dangers d'insurger et d'armer la multitude. Le mot *Deleatur carthago*, qui était alors dans toutes les bouches, fut le texte de l'autre. Dès la fin de 1792, j'avais adressé des notes importantes à M. Dugour, qui composait alors son Mémoire justificatif pour Louis XVI.

Retourné à Bordeaux à la fin de 1794, j'y trouvai l'esprit public très changé; toutes les ames y étaient comprimées par la terreur, et dans un état de stupeur dont il serait difficile de donner une juste idée. A cette déplorable époque, il eût été dangereux pour moi, inutile pour tous, de parler et d'écrire, je m'en tins à l'observation.

Mais après la révolution du 9 thermidor, et surtout quelques mois avant les élections de l'an 5, la faction triomphante et sanguinaire parut faire quelques pas rétrogrades vers les idées saines, vers les principes impérissables de l'humanité et de la justice.

Je fis alors tous mes efforts pour tirer les royalistes de leur léthargie, et pour les engager à s'occuper des élections qui allaient se faire. Je fis imprimer une adresse aux assemblées primaires, par laquelle j'invitais tous les bons citoyens à s'y rendre exactement et à y montrer de la fermeté. Comme il fallait parler la langue du temps, je mis à la tête de cet opuscule cette sentence de Xénophon : *Libertas bene magno emitur, nec sine negotio servatur.*

Je fis plus, je réunis secrètement plusieurs pères de famille auxquels je communiquai un moyen simple et facile que j'avais imaginé pour nous assurer de la majorité des votes au premier tour de scrutin : le succès passa mon attente, il fut complet.

Il fallut ensuite s'occuper de l'élection des députés au corps législatif, et nos démarches auprès du corps électoral eurent un résultat non moins satisfaisant. Je fis une adresse à l'assemblée électorale, qui obtint l'approbation de tous les royalistes; j'y avais inséré un tableau exact et touchant de tous les crimes commis pendant le régime de la terreur.

Dès que les élections furent terminées, j'établis le cercle du gouvernement, où ne furent admis que des royalistes bien connus: un comité secret en dirigeait les opérations d'après des réglements que j'avais faits; plus de six cents personnes y furent admises en fort peu de temps.

M. de Pourquerie Dubourg arriva à Bordeaux à cette époque, et me fut présenté par M. Gibert de Moras, père. Il avait des pouvoirs du Roi, datés de Véronne, et venait dans cette province pour inviter les royalistes à se rallier. Aussi satisfait qu'étonné de ce que j'avais osé faire de mon propre mouvement, il m'offrit des pouvoirs que j'acceptai.

Après son départ, je profitai de l'occasion de M. l'abbé de Mauvoisin, qui desirait aller à Blankembourg, pour adresser à S. M. un Mémoire expositif de tout ce que javais fait jusqu'alors pour la cause sainte ; je la suppliai de m'envoyer des pouvoirs, des ordres et des instructions. Le comité secret que j'avais formé se cotisa pour subvenir aux frais de son voyage. Ce comité était alors composé de huit ou dix membres ; mais, dans son origine, j'avais eu bien de la peine à réunir trois royalistes, auxquels je fus même obligé de promettre, sur ma parole d'honneur, de ne les jamais faire connaître.

Au commencement de 1796, M. Caire (Jardin) m'apporta l'ordre d'établir l'institut philantropique. Cette nouvelle organisation exigeait la dissolution du cercle du gouvernement, il fut fermé.

Je reçus, à la même époque, une proclamation de S. A. S. Mgr. le prince de Condé, par laquelle les royalistes étaient invités à se rallier, etc. Je la transmis dans tous les départements, où elle fut réimprimée et répandue.

Tel était l'état des choses, lors du retour de M. l'abbé de Mauvoisin de Blankembourg. Il m'apporta les pièces suivantes : 1°. Un billet de la main du Roi, par lequel Sa Majesté approuvait tout ce que j'avais fait, m'ordonnait de continuer, et daignait dire qu'elle avait pris note particulière de mon zèle et de mes services; 2°. des pouvoirs directs de Sa Majesté; 3°. une autorisation pour emprunter une somme déterminée, en son nom et pour son service; il y était dit expressément que je n'en rendrai compte qu'à Sa Majesté elle-même. Je n'ai jamais fait usage de cette pièce, qui a été brûlée lors de mon arrestation, en 1800.

Malgré les circonstances extrêmement difficiles, et une foule de causes entravantes, j'étais parvenu à faire organiser quatorze compagnies plus ou moins complètes, par les agents civils de l'institut, et, dans le mois d'août 1796, je formai l'état-major, et nommai le général Papin, sous le nom philantropique de servant, commandant en chef de l'armée royale de la Guienne. Il continua, étendit et perfectionna l'organisation militaire, qui a pris depuis une consistance très imposante. Aux talents militaires et au dévouement, cet officier joignait la valeur et cette bouillante énergie qui subjugue et entraîne les hommes les plus froids, les plus timides ou les plus irrésolus. Il attira ainsi sous nos drapeaux une foule d'hommes qui seraient restés neutres, ou qui, peut-être, seraient passés dans les rangs ennemis. Il fut toujours bien secondé par M. de Labarthe, chef de l'état-major.

Dans le courant de l'année 1797, je fus appelé à Lyon par M. le directeur-général, pour faire, dans l'organisation et les réglements de l'institut, des changements essentiels, dont l'expérience avait fait sentir la nécessité. Je fus seul chargé de ce travail : c'était presque un nouveau prospectus, précédé d'un préambule, et suivi d'instructions.

Je fus ensuite chargé d'aller dans beaucoup de villes du Midi, qui, la plupart étaient alors en état de siége, pour remettre le nouveau prospectus aux présidents, avec l'ordre de s'y conformer à l'avenir. Des pouvoirs très étendus me furent confiés pour confirmer ou destituer et remplacer ceux que je ne jugerais pas dignes ou capables d'occuper ces emplois. J'ai déjà fait connaître dans un mémoire, imprimé en 1814, les nominations que je fis dans cette tournée. Je fus arrêté deux fois, à Valence en Dauphiné, et ensuite à Toulouse, où je courus des dangers réels.

Dès l'année 1798, l'organisation civile et militaire était presqu'aussi complète et aussi satisfaisante sous tous les rapports qu'elle pouvait l'être. L'opinion publique s'était aussi généralement améliorée. Tous les Français, instruits par la plus triste expérience, paraissaient dégoûtés, fatigués des gouvernements usurpateurs, et bien disposés à profiter de l'occasion pour en secouer l'insupportable joug ; tous faisaient des vœux pour le rétablissement du gouvernement paternel et légitime. En un mot, un mécontentement général présageait des mouvements prochains, et paraissait favoriser nos vues. Je profitai de cette heureuse disposition des esprits, que je tâchai de fortifier et d'étendre par tous les moyens qui étaient en mon pouvoir. J'envoyai partout des circulaires très pressantes, et des pamphlets à la portée du peuple. J'y joignis des avis très importants, et propres à ranimer tout-à-la-fois la confiance et l'espérance. Richer Serisi et Isidor Langlois, que nous fîmes enlever des prisons de Rochefort au moment où ils allaient être déportés à la Guiane, secondèrent parfaitement mes vues par leurs écrits. Les affiches se succédaient avec rapidité. L'assassinat des négociateurs de Rastadt fut annoncé sous les couleurs convenables, et la lettre de Burbuczy acheva de dévoiler à la France entière les véritables assassins. Les lettres de Sans-Quartier à Sans-Souci, qui était alors en Egypte, et les répouses de celui-ci firent un très bon effet ; elles furent imprimées et répandues partout avec profusion. Enfin parut la loi des ôtages : une adresse brûlante en fit aussitôt justice, en la vouant à l'exécration générale.

Toutes ces causes réunies donnèrent de vives inquiétudes à nos ennemis et amenèrent des troubles. Nous nous battîmes durant l'été de 1798, avec acharnement, pendant au moins dix jours. Nous eûmes de notre côté plusieurs hommes tués et beaucoup de blessés ; mais les révolutionnaires purent apprécier dans cette occasion et notre courage et nos forces. Ce ne fut pas sans peine que nous parvînmes à calmer l'ardeur de notre brave jeunesse, qui avait à sa tête les Latour-Olanier, les Dalesme, les Destang, etc., etc.

Il résulta de cette insurrection beaucoup d'arrestations. Je fus forcé de me tenir caché pendant plus de quinze jours. On vint chez moi pour m'arrêter ; ne m'y trouvant pas, on amena mon neveu, qui, après environ six mois de détention, fut jugé et acquitté. On l'accusait d'avoir crié *Vive le Roi.*

Nous avions un journal consacré au parti royaliste, et dont les principaux articles étaient rédigés par des membres de l'association. Le propriétaire de cette feuille fut persécuté, et forcé même de passer en Angleterre.

Dans le même temps, nous enlevâmes de la prison de l'hôpital, les armes à la main, et malgré la résistance du détachement qui occupait ce poste, deux de nos braves qui allaient être condamnés à mort, l'un comme émigré, l'autre comme prévenu d'embauchage. Les mesures avaient été si bien ordonnées par le général, et les troupes qu'il commandait étaient animées d'un zèle si ardent, qu'il était impossible que l'expédition n'eût pas un plein succès.

A d'autres époques, des émigrés, qu'on conduisait à la mort, furent délivrés sur les grandes routes, quoique conduits par des détachements de gendarmerie, avec lesquels les braves royalistes firent le coup de feu. MM. de la Tremblaie, d'Hoche, Merle, d'Hugoneau, Brunet, Castelneau, Maury, Elitza-Garay, etc., n'ont dû leur salut qu'à cette association et à la bonne organisation que nous avions faite. Je ne parlerai point ici de quelques actions téméraires sans doute, mais héroïques, mais infiniment honorables, qui en ont été les précieux résultats. Ces faits sont de notoriété publique à Bordeaux.

Dans le mois de janvier 1799, je reçus un

nouveau brevet de Sa Majesté, donné à Mittau le 1er. décembre 1798, par lequel je fus chargé de la direction de sept provinces. La copie de ce brevet est à la suite de cet Exposé.

En me le transmettant, l'agence royale de Souâbe me chargea de former et diriger l'arrondissement des Landes, qui fut composé de trois départements, ainsi que celui de Toulouse, composé de neuf départements. Les visiteurs de ces deux arrondissements furent assujettis à correspondre avec moi, à me rendre compte de leurs opérations, et à se conformer aux instructions et aux ordres de l'agence que je leur transmettrais. Ainsi leurs rapports ne parvenaient à l'agence que par moi.

Dans le mois d'août 1799, les royalistes des cantons environnant la ville de Toulouse, qui, de leur propre mouvement, malgré les exhortations et les ordres des chefs de l'institut, levèrent l'étendard royal, arborèrent la cocarde blanche, et marchèrent, les armes à la main, sur cette ville, compromirent tout par le défaut d'ordre et d'ensemble. Cependant l'énergie et la ténacité pouvant réparer, jusqu'à un certain point, cette première faute, il était essentiel de s'assurer des forces et des progrès de cette insurrection partielle, soit pour la soutenir et l'étendre, par Bordeaux, jusqu'à la Vendée,

dans le cas d'un succès probable, soit pour ar-
racher aux dangers qu'elle avait fait naître,
des associations intermédiaires dont de fausses
mesures auraient pu dévoiler le secret et dé-
truire l'existence. J'envoyai sur-le-champ un
commissaire, M. Lestrade, sur les lieux, pour
se concerter avec les trois généraux qui com-
mandaient les insurgés, MM. Paulo, Thermes
et Rouget. Les instructions que je lui donnai
furent accompagnées de pouvoirs qui l'auto-
risaient à faire prendre les armes dans tous
les départements intermédiaires, dans le cas
où les insurgés eussent réussi à s'emparer de
la ville principale de cette province; j'envoyai en même-temps des émissaires dans l'arrondissement des Landes et dans tous les départements de mon arrondissement, pour les inviter à prendre les armes au premier signal,
et à se joindre avec confiance à l'organisation perfectionnée qui existait dans la ville de
Bordeaux, centre essentiel, par sa position,
par ses forces et ses moyens d'influence, des
mouvements du Midi.

Je formai de suite un conseil civil qui fut
composé de trois notables, conseil dont on n'a
jamais connu l'existence à Bordeaux. On n'avait
jamais eu connaissance non plus des rapports
intimes et habituels que j'avais eus avec MM. Du-

don, père et fils, depuis l'origine de l'organisation jusqu'à la mort de ces deux vénérables magistrats.

Je fis aussi prêter un nouveau serment de fidélité au Roi, et d'obéissance aux chefs civils et militaires, par tous les principaux employés de l'institut.

Une compagnie de chasseurs royaux, dite *Compagnie noire*, fut organisée à cette époque. Il n'y fut admis que des hommes d'élite, la plupart émigrés ou vendéens; ils furent pourvus de toutes les armes nécessaires; ils avaient une destination particulière et secrète.

Nous envoyâmes des commissaires civils et militaires dans les subdivisions du Médoc, de Basas, de Libourne, de Blaye, La Réole, etc., pour rallier et organiser les mécontents: des armes et des munitions de toute espèce leur furent distribuées.

Nous formâmes, peu après, une compagnie d'éclaireurs sous le commandement du sieur Brunet, émigré rentré, dans les deux Charentes, entre les deux grandes routes de Paris et de la Bretagne. Notre projet était d'étendre ce corps jusqu'à six mille hommes, destinés à surprendre Blaye et La Rochelle dès que l'ordre de prendre les armes serait donné.

J'avais alors, dans ces deux villes, des intel-
ligences et même quelqu'influence.

Le commandant de l'armée royale de la
Guienne acheva d'organiser, à la même époque,
des corps d'élite et auxiliaires de toute arme,
composés d'hommes qui avaient tous servi ;
braves, dévoués et disponibles à toute heure :
ces corps devaient donner l'impulsion et
l'exemple.

J'envoyai un émissaire, M. Destravaux,
dans les provinces de l'ouest, avec une cir-
culaire adressée à tous les commandants pour
le Roi. Il parcourut la Vendée, la Bretagne
et la Normandie, vit tous les chefs, concerta
avec eux tous les moyens de correspondance,
leur donna mon adresse et prit la leur. Ainsi
s'établit, entre ces chefs et moi, une correspondance très active, qui n'a cessé qu'à l'époque de mon arrestation. J'avais été autorisé
par l'agence à concerter mes opérations avec
ces illustres défenseurs de l'autel et du trône.

Tout allait alors très bien dans l'arrondissement ; les travaux de l'institut étaient terminés
et l'organisation militaire avait acquis toute la
perfection desirable ; nous jouissions, en outre,
d'une parfaite tranquillité que nul accident
ne troubla jusqu'à la révolution du 18 bru-
maire.

Quelques jours après cette révolution, je profitai d'une occasion pour rendre à S. A. R. Monsieur, un compte sommaire de tout ce que nous avions fait jusqu'alors.

Environ un mois après, je reçus l'ordre de me rendre de suite à Ausbourg, auprès de l'agence royale. Je fis ce voyage avec M. le comte de Floirac, que je joignis à Lyon vers la fin de décembre 1799. Nous eûmes à traverser un cordon de troupes françaises qui occupaient la rive gauche du Rhin : c'était le général Moreau qui commandait cette armée. Quelques jours après notre arrivée à Alkirck, nous traversâmes le fleuve, sinon sans inquiétude, du moins sans accident.

Arrivé à Ausbourg, je fus mis, par l'agence, en relation directe avec l'ambassadeur anglais, à qui je remis un rapport sur la situation de la France, sur les dispositions, les ressources et les besoins de mon arrondissement.

Je parvins, avec beaucoup de peine, à déterminer le général Pichegru à se charger du commandement en chef des deux arrondissements de la Guienne et des Landes. Il lui répugnait de commander des bourgeois ; mais, lorsqu'il sut que notre armée était composée en grande partie d'hommes exercés au métier des armes, il se rendit à nos vœux. Je lui promis d'envoyer les passeports nécessaires pour lui et son état-major, ce que je fis très exactement dès mon retour à Bordeaux.

Je quittai l'Allemagne dans le mois de février 1800, et j'arrivai à Bordeaux le 9 mars suivant.

En moins de quinze jours, les instructions et les ordres que j'apportais furent transmis dans les trois arrondissements que je dirigeais. Il fut surtout bien recommandé d'accélérer les préparatifs, afin d'être prêt partout à la fin d'avril.

Des émissaires furent envoyés partout munis de circulaires propres à ranimer la confiance, et où nous annoncions aux chefs tout ce qu'ils devaient savoir des projets et du plan de l'agence royale.

Je nommai alors des commandants dans toutes les divisions où il n'y en avait pas encore.

Enfin, vers la fin de mars, le mouvement était déjà donné dans toutes les provinces de l'arrondissement.

Le bulletin des armées était envoyé partout très exactement, et l'on sent bien que nos relations étaient tournées de manière à nourrir l'espérance dans les cœurs vraiment français.

Pour régulariser la marche des opérations et la conduite de mes collaborateurs, je fis un petit recueil intitulé : *Maximes à l'usage des conspirateurs.*

J'avais des surveillants partout, au bureau central, au département, à la poste aux lettres, dans la gendarmerie, dans la garnison , etc. Ces surveillants me rendaient compte exactement de tout ce qui se passait, surtout des mesures de rigueur ordonnées par le gouvernement ou par les autorités locales. C'était une contre-police bien organisée, dont l'existence n'était connue que des deux chefs civil et militaire.

J'eus l'honneur d'adresser, à cette époque, à S. A. R. Monsieur, un nouveau rapport , qui lui apprenait que nous étions prêts et bien disposés à prendre les armes, dès que l'ordre nous en serait donné.

S. A. R. Monsieur a daigné me faire accuser réception de mes rapports. J'ai même reçu de cet auguste Prince des lettres dont les expressions ne s'effaceront jamais de ma mémoire et de mon cœur, et que je regrette de ne pas pouvoir rendre publiques.

Ce dernier rapport fut adressé aussi, conformément aux ordres que j'avais reçus de l'agence, à M. le duc de Coigni, qui était alors en Espagne.

Un rassemblement de conscrits armés eut lieu à cette époque sur les confins de trois départements limitrophes, de la Gironde, de la Dordogne et du Lot-et-Garonne. Ce rassemblement, dont l'unique but était de se soustraire à la loi de la conscription, pouvant nous devenir très nuisible et mettre obstacle au mouvement projeté, en obligeant le gouvernement à faire marcher des troupes pour le dissiper, j'envoyai des commissaires sur les lieux pour engager cette jeunesse à se retirer dans ses foyers. MM. de Lubriac et de Gardonne se chargèrent de cette mission et s'en acquittèrent avec zèle et succès.

De l'aveu de tous ceux qui ont eu une parfaite connaissance de l'organisation civile et militaire de la Guienne, elle était aussi régulière, aussi complète et aussi satisfaisante qu'on pouvait le desirer.

Nous avions tous les renseignements sur l'état des forts et citadelles, sur leurs garnisons, sur la quantité et la qualité des armes et des munitions de toute espèce dont elles étaient pourvues; sur les forges, fonderies, magasins à poudre, greniers publics, etc., etc.

J'attendais de jour en jour le général Pichegru, dont le départ d'Ausbourg venait de
m'être annoncé, et qui était passé en Angleterre pour, de là, se rendre à Bordeaux ; prêts
partout, nous n'attendions que le signal pour
voler à la gloire; mais nos revers nous firent
connaître que nous n'étions pas encore par-
venus au terme de nos maux. Les triomphes
des alliés du Roi furent paralysés par l'effet
de la politique intéressée de l'un d'entre eux.
La campagne finit à nos portes, et notre espoir
s'évanouit.

Enfin tout était prêt, et je n'attendais que
les ordres pour faire prendre les armes à
une armée de quarante mille hommes, au
moins, de toute arme, dans les deux arrondissements de la Guienne et des Landes, lorsque,
le 21 juin 1800, je fus arrêté par ordre du ministre de la police générale; sept individus le
furent en même temps, mais quatre furent
relaxés peu de jours après.

Il n'y avait aucun papier chez moi; mais on
en trouva chez un des détenus qui me causè-
rent les plus vives appréhensions. Ces pièces
ont été imprimées en 1800, par ordre du ministre Fouché, à la suite des papiers saisis
chez les agents de la contre-police anglaise,

qui venaient d'être arrêtés à Paris. Il y en avait assurément plus qu'il n'en fallait pour me faire condamner à la peine capitale, si j'avais été jugé; mais les succès prodigieux obtenus par l'usurpateur après la bataille de Marengo, l'avaient disposé à l'indulgence. Quelques semaines plus tôt ou plus tard, j'aurais infailliblement été fusillé, et certes j'avais bien mérité de l'être. On me laissa pendant dix jours dans un cachot infect, où j'étais confondu avec des voleurs et des assassins. J'y fus même réduit à partager un grabat avec un faux monnoyeur qui a été depuis condamné aux galères pour vingt-quatre ans. C'est ainsi que l'on traitait alors les prisonniers d'état.

Je restai au secret le plus rigoureux pendant environ deux mois, toujours environné de sentinelles et de commissaires de police, privé de la consolation de voir ma famille. Je fus ensuite transféré au fort du Ha.

Dans cette nouvelle prison, je profitai d'un peu plus de liberté qu'on me laissa, pour envoyer des pouvoirs à M. Duchesne de Beaumanoir, afin que la cause ne souffrît point de mon absence, et que l'organisation fût conservée. Le commandant, contre qui il fut décerné en même temps un mandat d'arrêt, eut le bonheur de se trouver absent dans ce moment, et se déroba ainsi aux recherches qui furent faites pour s'assurer de sa personne.

Après dix-huit mois entiers de détention, on m'accorda une liberté provisoire sous caution et surveillance. Transférée à Paris en 1804, cette surveillance n'a cessé qu'à la restauration. Depuis, j'ai été arrêté deux fois à Paris ; d'abord par l'ordre du préfet Dubois, ensuite par celui du ministre Fouché.

Tels ont été mes services pour la cause royale depuis 1793 jusqu'en 1800, époque de mon arrestation, ainsi que de celle de la plupart des chefs dans toute la France. Les travaux de l'institut furent suspendus à Bordeaux, comme dans toute la France, par ordre supérieur ; mais ils furent repris bientôt après sous la direction de M. Duchesne de Beaumanoir, en vertu des pouvoirs que je lui avais délégués : il se borna cependant à maintenir ce qui était fait.

Dès que je fus arrêté, je fis déposer en mains sûres tous les objets destinés au mouvement, les affûts de canon, quelques caisses de fusils que nous avions de reste, et beaucoup de munitions. Les armes ainsi que les munitions qui avaient été délivrées aux troupes, sont restées entre leurs mains ; et je dois observer que tous les corps avaient été pourvus d'armes et de munitions , non seulement à Bordeaux , mais même dans toutes les subdivisions de la province. J'ai les preuves les plus authentiques de tout ce que j'avance à ce sujet.

Depuis que la liberté m'a été rendue , je n'en ai pas moins continué, avec plus de circonspection à la vérité, mais toujours avec zèle et fidélité , de servir la cause royale.

Je ne parlerai pas de ce que j'ai fait en 1814, avant l'entrée des Princes à Paris , parce qu'il me serait impossible d'en donner des preuves , ayant été forcé de brûler mes papiers au retour de l'usurpateur. Je me bornerai à dire qu'alors, comme en tout temps , j'ai fait tout ce que j'ai pu et dû.

Plus de six mois avant l'évènement du 20 mars 1815 , j'avais prévu et annoncé la conspiration qui a ramené l'usurpateur en france, et même donné à cet égard des renseignements importants et certains , mais il était alors bien difficile , pour ne pas dire impossible, de préserver la France du plus terrible orage qui ait jamais menacé l'existence du monarque et de la monarchie.

Le 12 mars 1815, je fus chargé par M. le directeur-général de la police d'aller jusqu'à Lyon, pour reconnaître l'armée de l'usurpateur, et pour donner des avis positifs sur ses forces de toute arme, sur l'esprit de ses troupes, sur les directions qu'il prenait et sur la marche journalière de son armée. J'ai rempli cette tâche au gré de M. le directeur-général, et je me flatte de lui avoir donné des avis utiles. Je ne rentrai à Paris qu'après en avoir reçu l'ordre, et peu d'heures avant le tyran.

Pendant les cent jours, j'ai été continuellement en butte aux persécutions des fédérés et des militaires. Sept d'entr'eux vinrent chez moi à onze heures du soir, et, après m'avoir accablé d'outrages, me contraignirent, le sabre sur la poitrine, de crier *Vive l'Empereur !* Je ne sais jusqu'où se serait portée leur fureur, si plusieurs personnes ne s'étaient trouvées chez moi au même moment. Je fus forcé de quitter mon domicile et de me réfugier chez un ami pendant une quinzaine, afin de me soustraire aux mauvais traitements que j'essuyais tous les jours, et aux menaces furibondes qui m'étaient faites par des hommes que je n'avais jamais vus et que je n'ai plus vus depuis.

Cependant toutes ces persécutions ne m'em-
pêchaient pas de me trouver tous les jours dans
diverses réunions de royalistes, pour concourir
aux mesures que l'on jugerait devoir prendre
dans les intérêts des Princes. Je me mis même
volontairement sous les ordres et à la disposition de M. le baron de Tardif, lieutenant des
gardes-du-corps et maréchal-de-camp.

J'esquissai un plan d'insurrection qui fut
approuvé, mais dont l'exécution fut ajournée,
parce que l'exaspération des partis était alors
trop violente. Je fis même imprimer et ré-
pandre, à mes frais, une espèce d'adresse aux
deux chambres, avec cette épigraphe : *Video
meliora*, etc.

Après le départ de la famille royale, au
20 mars, je fis d'inutiles recherches pour dé-
couvrir quelqu'un à qui le Roi eût laissé, en
partant, des pouvoirs et ses ordres; on ne put
m'indiquer personne, et l'on m'a assuré depuis
que tous ceux qui s'occupaient ici des intérêts
des Princes, agissaient spontanément et sans
pouvoirs.

Quoiqu'il en soit, dans la première quinzaine
d'avril, je profitai de l'occasion d'un garde-du-
corps qui partait pour Gand, pour faire remettre à M. le duc de Feltre des renseignements

positifs et précieux sur tous les préparatifs de guerre que faisait l'usurpateur, etc. — Mon intention était de continuer d'envoyer à Son Excellence tous les documents utiles que je pourrais recueillir dans la suite; mais Buonaparte prit de telles mesures, que tous les passages furent fermés et qu'il n'en resta plus d'autres, pour communiquer avec la Belgique, que la Suisse d'un côté et la mer de l'autre.

Cependant l'armée de l'usurpateur grossissait de plus en plus, et ses préparatifs devinrent si formidables, que nous craignîmes avec raison que, si les alliés n'étaient pas en mesure, il ne parvînt à obtenir les premiers avantages et peut-être à les repousser jusqu'au Rhin, ce qui aurait décuplé ses forces, ses moyens de toute espèce, et bien reculé, par conséquent, la fin des maux dont nous étions accablés. Personne n'ignore que les fédérés n'attendaient que l'issue de la première affaire, pour faire une Saint-Barthélemi de tous les royalistes.

Ne sachant plus comment faire parvenir à S. Exc. le duc de Feltre de nouveaux avis que je regardais comme très importants, je profitai d'une occasion qui se présenta, pour les faire parvenir à l'un des généraux des armées alliées.

Le 12 juillet 1815, j'eus l'honneur d'adresser à Sa Majesté un Mémoire où je rendis
compte de tout ce que j'avais osé faire pendant
les cent jours au péril de ma vie et de celle de
ma famille, pour la cause de la légitimité.

Je peux dire avec assurance que, depuis environ vingt-quatre ans, je n'ai éprouvé aucun
sentiment, eu aucune pensée, ni fait aucune
action qui n'aient eu pour but le service de
la cause royale. Les malheurs de Louis XVI,
et les maux incalculables résultants pour la
France et pour ses Princes de la révolution, ont
constamment absorbé toutes mes facultés, toutes mes affections. Je crois n'avoir pas cessé un
seul instant de donner des preuves de cette vérité, et j'aime à croire que tous ceux qui me
connaissent ne pourront s'empêcher de me
rendre à cet égard la justice qui m'est due.

Il n'est point douteux que l'élan généralement manifesté dans toutes les provinces que
S. A. R. Mgr. le duc d'Angoulême a traversées
à son arrivée à Bordeaux, en 1814, depuis les
Pyrénées jusqu'à Angoulême, était le fruit
d'une organisation à laquelle j'avais constamment travaillé depuis 1792.

Il est incontestable que c'est l'ancienne armée royale de la Guienne, organisée par le gé-

néral Papin et par moi depuis 1796, qui a tout fait à Bordeaux le 12 mars 1814. Ce sont des compagnies de nos anciens corps qui ont été au-devant de S. A. R., et qui ont eu l'honneur de former son escorte à son entrée dans cette capitale. Tous ceux qui s'y trouvèrent, sans excepter même le nouveau commissaire du Roi, qui était capitaine d'une de nos compagnies du Médoc, étaient compris dans les anciens cadres formés depuis 1796. Personne ne peut nier ces faits qui, d'ailleurs, prouvent l'ancienneté et la constance du dévouement des Bordelais.

Si les deux anciens chefs, civil et militaire, n'ont pas eu le bonheur de se trouver à cette mémorable journée, ce n'est assurément pas de leur faute ; ils étaient, l'un et l'autre, enchaînés par la force majeure. Le chef civil était encore dans les liens d'un mandat d'arrêt décerné en 1800, et de plus assujetti à une rigoureuse surveillance sous caution, laquelle fut transférée à Paris en 1804, par le ministre de la police. Le chef militaire était alors aux Etats-Unis de l'Amérique, où il avait été forcé de se réfugier après avoir été condamné à mort par une commission militaire, pour avoir conspiré contre le gouvernement de l'usurpateur.

Voilà les vraies causes qui ont empêché ces deux vétérans de la cause de la légitimité, de prendre part à la gloire des Bordelais dans cette journée; mais leurs cœurs y étaient, leurs cœurs suivaient partout l'auguste prince qui a si justement acquis le titre de *Héros du Midi.* C'est cette même armée royale, organisée dans tout le midi depuis 1796, en vertu des pouvoirs et des ordres du Roi, qui a, dans tous les temps, tenu en échec les ennemis de la légitimité; qui a contraint partout les autorités à adoucir l'exécution des lois et des mesures de rigueur ordonnées par les gouvernements usurpateurs; qui a sauvé une foule de victimes de leur rage insensée; qui, enfin, s'est couverte de gloire en bien des occasions par des actions éclatantes.

C'est cette ancienne armée qui, en 1798, s'est battue à Bordeaux pendant au moins dix jours consécutifs; qui, dans le mois d'août 1799, leva l'étendard royal à Toulouse, et se mesura plus d'une fois avec les meilleures troupes de ligne de l'usurpateur.

C'est enfin cette ancienne armée de l'institut qui, pendant les cent jours, s'est ralliée dans le Midi sous les drapeaux et les ordres de S. A. R. Mgr. le duc d'Angoulême; et qui est toujours prête à se réunir, au péril de sa vie et de sa fortune, pour la défense du trône et de l'illustre maison de Bourbon.

Au surplus, cette armée, pourvue d'uniformes, d'armes et de munitions; cette armée, commandée par des officiers expérimentés et braves, était toujours prête et disposée à se réunir partout où elle pourrait être nécessaire : c'était l'engagement pris par tous les braves qui composaient nos légions, et cet engagement était sacré, car il était scellé du serment.....

Et nous aussi, Sire, nous formions, dans le midi de la France, une colonne des armées catholiques et royales, *dignes modèles de tous les Français*, auxquelles Votre Majesté daigna donner les témoignages les plus touchants de sa satisfaction dans sa Déclaration du mois de juillet 1795 : œuvre sublime et immortelle, qui peint tout-à-la-fois l'esprit et le cœur de notre bon Roi, qu'on ne peut lire sans avoir le cœur enflammé d'amour et d'enthousiasme, et sans verser des larmes d'attendrissement!.....

Oui, Sire, les royalistes du Midi étaient unis avec ces illustres défenseurs de l'autel et du trône par les mêmes principes, par les mêmes sentiments, par les mêmes vues et le même serment. Nous étions liés aussi par la correspondance, et, depuis une époque très reculée, nous concertions nos plans et nos mesures; comme eux, nous étions disposés à tout sacrifier, à tout braver pour servir Votre Majesté.

Nous osons donc, Sire, nous osons nous croire dignes aussi des témoignages de satisfaction que Votre Majesté a bien voulu leur donner, et nous espérons de sa justice, comme de sa bonté, qu'elle n'oubliera pas nos *services*, notre *courage*, *l'intégrité de nos principes* et notre *inaltérable fidélité*.

DUPONT-CONSTANT.

DE PAR LE ROI.

LOUIS, PAR LA GRACE DE DIEU, ROI DE FRANCE ET DE NAVARRE.

Sur le compte qui nous a été rendu par nos agents, des services du sieur Constant, de son zèle et de sa fidélité, nous l'avons, par ces présentes, signées de notre main, nommé visiteur de l'institut dans les provinces de *Saintonge*, *Angoumois, Limousin, Périgord, Agenois, Guienne, et d'une partie de la Marche*; le chargeons de nommer les administrateurs de l'institut, et autres personnes nécessaires à cet établissement; de former les compagnies et de mettre à exécution tous les autres réglements de l'institut; même de les modifier, si besoin est, avec l'autorisation de notre agence; lui permettons de choisir un adjoint militaire; l'autorisons à promettre de notre part, aux chefs, officiers et soldats des armées françaises républicaines qui serviront la cause royale, la conservation des grades et emplois dont ils se trouveront pourvus, ainsi que l'avancement dnt ils pourraient être susceptibles à présent ou à l'avenir; ordonnons que les administra·

teurs et associés lui obéissent en tout ce qui concerne notre service, à la charge par lui de rendre compte à notre agence et de se conformer aux ordres qu'elle lui transmettra de notre part.

Donné à Mittau, le premier jour du mois de décembre de l'an de grâce mil sept cent quatre-vingt-dix-huit, et de notre règne le quatrième.

Signé LOUIS.

Et plus bas : BREVET, *pour l'institut.*

De l'Imprimerie de L. G. MICHAUD, rue des Bons-Enfants, n°. 34.

www.ingramcontent.com/pod-product-compliance
Lightning Source LLC
LaVergne TN
LVHW012145170726
843503LV00009B/3976